작가 **박봄슬**

파주 헤이리예술마을에서 카페 빅핸드를 운영하며 지랄발광 개아들, 인간아들을 동시에 키우는, 정신력 풀타임 근로자이며 작곡가다. 나 같은 인간도 일하고, 개 키우고, 애 키우고, 꿈도 키운다. 이게 내 인생 최대의 블랙코미디며 예술이다. 웃기고 싶었지만, 사실은 살리고 싶었다. 버려진 생명들이 더 이상 "불쌍한 것들"로 불리지않기를, 세상에서 외면되거나 버려지지 않기를 바라는 마음. 그게 내가 글을 쓰고 곡을 쓰는 진짜 이유다. 그리고 마지막으로, 음악은 내 취미가 아니다. 생존신고다. 내 이름을 검색하고, 이 책을 알리고, 음악을 들어주길 바래본다. 이 책과 음악엔 그 웃픈 마음이 담겨있다.

유튜브 : 빅핸드 패밀리
인스타그램 : cafe_bighand
https://blog.naver.com/honeyjar1212

음악 들어보세요

PPP

[Pet & Producer & Playlist]

CONTENTS

지랄발광 미치광이 리트리버를 시작하며

　나는 요즘 확신한다. 리트리버를 키우는 건 단순히 개를 키우는 게 아니라 내 멘탈의 리모델링 공사였다. 이 녀석 '조이'와의 첫 만남부터 지금까지, 4년이 넘는 시간 동안 우리는 서로를 다듬고, 부수고, 다시 붙였다. 그리고 나는 사람보다 개를 더 자주 안아줬다. 이상하게도 그게 더 위로가 됐다. 이런 시간동안 나는 '행복'이라는 단어가 꼭 조용하고 평온한 것만은 아니라는 걸 배웠다. 조이 덕분에 내 삶은 매일 드라마였고, 때론 블록버스터였다. 이런 조이를 통해 가끔은 사람보다 더 사람 같은 마음을 배웠다.

　카페 문을 열면 조이는 제일 먼저 뛰어나와 손님을 맞는다. "조이 보고 싶어서 왔어요" 라는 말을 듣는 날이면 괜히 내가 뿌듯하다. 누군가는 커피를 들고, 누군가는 조이 간식을 들고 모두의 발걸음엔 한결같은 미소가 묻어 있었다. 어쩌면 손님들이 마시러 오는건 커피가 아니라 조이의 존재감 한 스푼 아닐까. 커피는 내가 내리지만 손님의 마음은 조이가 끓이는 것 같다. 그게 우리 카페의 비밀 레시피가 되었다.

조이 덕분에 나도 달라졌다. 나는 원래 약간 예술병 + 현실불만세트로 살아온 인간인데 이제는 "삶이 곧 예술이네"라는 말을 진심으로 할 수 있게 되었다. 조이는 아무것도 하지 않아도 공간을 따뜻하게 채운다. 가끔은 그게 인간이 평생 배우려 애쓰는 능력이 아닐까 하는 생각을 하곤 한다.

카페를 시작할 때도 그랬다. 좋은 음악, 커피향기, 예쁜 조명이라며 말했지만 결국 손님을 붙잡은 건 조이였고, 인테리어는 사람이었다. 카페를 하며 가장 먼저 하려했던 건 원래의 예술감각을 살리는 일이었다. 남편과 나는 예대 출신에 음악 전공이었고 우리는 음악을 업으로 삼고자 했지만 먼 길 돌고 돌아 헤이리예술마을에 우리의 공간인 카페 빅핸드를 만들게 되었다. 이곳은 음악이 흐르고 그림이 걸리고, 커피 향이 춤추는 곳이다. 그리고 그 한 가운데에 조이가 있다.

카페에선 매일 소소한 기적이 일어난다. 우연히 들려오는 기타 소리, 익숙한 손님이 남기고 간 그림 한 장, 그리고 조이가 사이사이를 비집고 누워있는 풍경. 그게 우리 카페의 가장 완벽한 전시다. 그리고 카페에서 일어나는 가장 큰 기적도 있었다. 혼자 오셔서 커피 한 잔 시키지 않고 멍하니 앉아 조이만 보고, 만지다 가던 손님이 있었다. 의아했고 궁금했다. 그 손님은 또 오시고 또 오셨다. 그러다 손님이 말을 걸었다. "제가요. 우울증을 심하게 앓고 있어서 치료를 받아요. 그런데 여기 와서 조이 보고 조이 만지면 기분이 한결 좋아져요. 감사합니다." 나와 남편은 울컥했다. 굉장히 많이 울컥했다. 그 마음을 다 헤아릴 순 없지만, 겪어보았기에… 그리고 조이에게 너무 고마웠다. 아주 사랑스러웠다.

손님께는 말씀드렸다. "커피를 사야 한다는 부담 갖지 마시고 언제든지 오셔서 조이 예뻐해 주세요." 조이는 사람도 살리는 능력을 갖고 있었다. 그리고 조이도 그 손님을 좋아한다.

예술의 완성은 기술이 아니라 공기 속의 온도라는 걸 이제야 조금은 알 것 같다. 이 녀석은 내 인생의 영감 제조기 역할을 톡톡히 해낸다. 나를 조용히 미치게 하고 동시에 살게 만드는 녀석이다.

MBTI로 말하자면 나는 INTJ 혹은 INFJ라고 하는데 조이는 아마 ENFJ일 거란 생각이 든다. 나는 늘 계획하고 통제하려 했지만 조이는 그냥 지금 이 순간을 예술로 만들어버린다. 그 자유로움이 처음엔 불안했는데, 이젠 그게 부럽다.

이곳 파주에선 조이와 함께 네온사인 대신 별빛, SNS 대신 눈앞의 산책길, 그렇게 조금씩 나는 다시 사람 냄새 나는 인간으로 돌아오고 있다.

이제 허접한 완벽주의자와 지랄발광 감동파괴 조이와의 병맛스러운 음악 이야기를 시작해보려 한다.

서울 평창동 리트리버

2021년 9월, 하늘은 유난히 맑고 아름다웠다. 그날 내가 느낀 에너지는 심플하지 않았다. "오 마이 갓! 오늘 내 인생에 사건 하나 터지겠는데." 싶은 강한 에너지였다. 인생은 왜 늘 기막힌 타이밍에 장난을 치는지, 보통 이런 묘한 느낌이 드는 날엔 복권당첨이 되거나 주식이 오르는 좋은 징조보단, 물건이 고장 나거나 갑자기 불편한 사람이 나타나는 불길한 법인데 그날은 조금 달랐다. 왜인지 불길하면서도 묘하게 설레는 에너지가 돌고 있었고 그 순간, 남편의 전화기가 울렸다. 환장할 나의 직감은 틀리지 않았고 역시나 인생의 큰 사건은 예고 없이 훅 들어오는 법이었다.

"리트리버 데려갈래?"

짧고 강렬했다. 낯선 남자의 목소리가 스피커를 뚫고 나와 내 귀에 꽂혔고 그대로 심장에 박혔다. 하늘은 여전히 평온한 가을 하늘이었지만 내 머릿속은 리트리버라는 행성으로 정신없이 빨려 들어가고 있었다. 나의 감정은 현실적 판단을 하기엔 이미 늦어버렸고 그 대신 나의 뇌가 올바른 판단을 하기 위해 노력했다. "현실을 봐라, 리트리버. 이건 귀여운 인형을 고르는 문제가 아니라 한 생명을 책임지는 일이라고! 정신 차려!" 나는 뇌가 보내주는 모든 현실적 시그널을 귓등으로 흘려보냈다. 내 마음은 이미 리트리버라는 블랙홀에 빨려 들어가고 있었고 남편의 영혼역시 같은 곳을 향해 들어가고 있었던 게 분명했다.

그래! 인생의 모든 미친 선택은 늘 충동에서 시작되는거야. 물론 지성인으로서 심각하게 고민은 했다. 하루 안되게 했던 것 같다. 그래, 솔직히 말해서 이건 선물 고르는 문제가 아니라 한 생명을 끝까지 책임져야 하는 일이었다. 그런데도 나의 고민의 중심은 어쩐지 자꾸 엉뚱한 곳으로 향해갔다. 이미 모든 걸 정해놨으면서 그저 아무 의미 없는 고민의 시간을 가지고 있었기 때문이었다. 이성은 언제나 옳지만 심장은 언제나 흥미롭다. 그리고 대체로 인생은 재밌는 쪽을

택했을 때 이야깃거리가 생긴다. 그렇게 이미 정해진 고민을 하는 동안, 사료는 뭘 먹이지? 쿠션 필요할까? 장난감은? 간식은 무조건 필수겠지? 이런 현실적이고도 병맛스러운 질문들이 내 뇌를 점령했다. 답은 이미 정해져 있었고 나는 그냥 잠깐 '고민하는 척'만 했을 뿐이다.

다음날 남편이 친구에게 전화를 걸어 한 녀석을 우리 집으로 데리고 오겠다며 엄포를 놓았고, 일주일 뒤에 데리고 가라는 확답을 받아냈다. 설레는 일주일, 길게만 느껴지는 일주일, 신이 드럽게 땍땍거리는 나의 마음의 소리를 참지 못했는지 5일 만에 친구에게 전화가 왔다.

"너네한테 보내려 했던 리트리버가 다른 데로 갔어. 혹시 다른 리트리버 괜찮으면, 내일 데리고 갈래?" 이건 뭐 로또 당첨인가!! 안 될 이유가 있나요~ 일주일에서 이틀이나 줄였으니 내 수명이 두 배 늘어난 것 같았다. 그렇게 그날 밤 남편과 나는 신나는 리트리버 공부를 하며 간식과 사료, 쿠션, 장난감들을 구매하러 마트를 갔고, 살면서 가장 즐거웠던 마트

쇼핑이라 생각했지만 사실 이건 전투 준비였다. 지갑이 가벼워지면서 장바구니가 가득 찬 순간 우리는 이미 리트리버 집사 모드로 돌입해 있었다.

그리고 운명의 날 아침, 그날의 아침은 "드디어 인생에 새로운 캐릭터가 등장합니다." 하고 자막이 깔리는 오프닝 같았다. 하늘은 민트, 구름은 휘핑크림, 바람은 째즈, 공기는 프리미엄 공기청정기 그 이상이었고 햇살은 뜨겁게 날 떠미는 것 같았다. "그래 오늘이 그날이다. 개 만나러 가는데 이런 날씨면 꽤 완벽하지 않냐?" 그날의 색, 냄새, 온도가 소리를 질렀다. Welcome to the Family!! 설레는 마음으로 출발 직전, 친구에게 전화를 걸었다.

" 어디로 가면 되냐?"

" 서울 평창동으로 와라"

서울 평창동이라니. 개 데리러 가는 길이 왜 이렇게 럭셔리 하냐며 이 동네 가려면 우리도 드레스코드 맞춰야 하는 거 아니냐며 내 통장 잔고가 지금 식은 땀 흘리는 거 보이냐며, 별것 아닌데도 자존감이 묘하게 흥분되는 기분이었다.

나에게 리트리버를 데리러 가는 길은 단순한 이동이 아니었다. 그건 내 인생의 새로운 챕터, 마치 영화 첫 장면에 자막처럼 뜨는 오프닝 시퀀스였다. 인생은 가끔 이렇게 알려준다. '새로운 시작은 대단한 무대가 아니라, 엉뚱한 장소에서 열린다. 그리고 내 무대는 서울 평창동이었다.'

시골 촌놈들이 태어나 처음 가보는 곳. 서울 평창동. 평창동까지 상경한 이유를 묻는다면 답은 간단했다. '리트리버'

나를 이 부자 동네로 소환한 건 개 한 마리였다. 내가 개 한 마리 덕분에 이런 부자 동네에도 발을 들이다니, 벌써부터 인생 호강하는 기분이었다. 그날 나는 확신했다. 이제 내 삶은 전과 같을 수 없다는 것을. 나는 평창동에서 태어난 한 생명을 이 지구에서 내 손으로 지켜내야 한다. 그리고 그 책임감은 이상하게도 내 어깨를 무겁게 하기보다 활짝 펴지게 만들었다.

차에서 내리자 따뜻한 햇살과 함께 홀린 듯 부잣집으로 흘러 들어갔다. 골든의 향기와 함께 꼬리소리가 들려왔다. 탁탁탁–마치 드럼 스틱으로 바닥을 치듯 리듬감 넘치게 여러 마리가 연주를 하고 있었다. 그리고 그 리듬 속에서 한 녀석을 발견했다. 첫 만남은 그 어떤 준비된 연출도 필요 없었다. 한눈에 알 수 있었다. "아 이런 게 운명이구나!" 나는 심장이 두근거리다 못해 BPM200을 찍고 있음을 느꼈다. 녀석은 내 품에 안겨 눈빛으로 나에게 말을 했다. "나 이제 네 가족이야!"

그 순간 나는 확신했다. 이건 단순한 입양이 아니라 내 인생의 새로운 트랙이 시작되는 순간이었다. 그리고 나는 첫 소절을 이미 들었다. 침과 꼬리, 그리고 꼬순내로 연주되는 운명의 인트로! 내 품에 안긴, 이제 겨우 3개월 된 리트리버.

근데…새끼 맞아?? 사이즈는 소형견을 가장한 중형견 느낌, 딱 그 어중간한 구간. 따뜻하고 몽글몽글하고, 말랑말랑한 그 촉감에 스멀스멀 올라오는 강아지 특유의 꼬순내! 그런데 말이지, 그 냄새까지도 왜 이렇게 중독적인건지. 나는 빠르게 꼬순내에 중독되어 버렸다. 품 안에서 꿈틀대는 이 작은 덩어리 때문에 그날 하루는 완벽하게 행복했다.

나는 서둘러 그 집을 나가고 싶었다. 왜냐면 진짜 사랑은 사람 많은 데서 나누는 게 아니라 강아지랑 둘이 방구석에서 시작되니까. 드디어 집을 나서는 순간이 왔다. 리트리버는 내 품에 안겨 있었고 "드디어 이제 진짜 우리만의 음악이 만들어지는구나! 그래 곡은 내가 쓰고 웃음은 네가 담당해라!"

차에 오르자 창밖 풍경은 영화처럼 흘러갔다. 햇살은 괜히 더 따뜻해 보였고 바람은 괜히 음악처럼 불어왔다. 그 순간 나는 또 확신했다. 내 인생의 앨범 첫 트랙이 막 재생된 거라는 걸.

집으로 달려가는 길, 운전석엔 남편, 옆좌석엔 나와 리트리버. 묘하게 가족사진 한 장이 완성된 기분이었다. 녀석은 아무 대답도 없이 그저 밖을 바라보며 꼬리만 살랑살랑 흔들었다. "이 녀석이 나의 뮤즈구나." 햇살이 차창으로 들어와 리트리버의 털을 금빛으로 물들였다. " 자, 우리의 음악을 재생해 보자."

집 문을 열자마자, 3개월짜리 리트리버는 망설임 따위 없이 직진했다. 마치 "여긴 내 집이었어." 라는 듯, 거실을 당당히 접수했다. 첫날부터 나는 알았다. 이 녀석은 손님이 아니라 주인이다. 나는 그냥 집세 내는 룸메이트에 불과하다는 걸. 리트리버는 여기저기 냄새를 맡고 소파 밑을 탐험하고 양말을 하나 물더니 내 눈을 똑바로 쳐다봤다. 그 눈빛은 분명히 말했다. "이거 이제 내꺼임. 문제있음?"

그리고 그 순간, 내 머릿속에서는 기묘한 평화가 흘렀다. "그래!! 이제 양말 몇 켤레쯤은 포기해 보자. 대신 매일 웃을 수 있겠다."

밤이 되자 녀석은 내 옆에 착 달라붙어 잠들었다. 작은 몸뚱이가 따뜻하게 밀려 들어왔다. 강아지 특유의 꼬순내와 규칙적인 숨소리가 합쳐져 이상하게도 자장가처럼 들렸다.

나는 그날 깨달았다. 인생의 행복은 내가 생각한 것만큼 거창하거나 복잡하지 않고, 멀리서 찾을 필요도 없다. 행복은 늘 곁에 있었고 나는 못봤을 뿐이다. 때로 행복은 리트리버의 꼬리 흔드는 소리와 발밑의 따뜻한 체온이면 충분하다.

그날 이후 내 삶의 규칙들이 달라졌다. 서울 평창

동, 부잣집에서 태어난 리트리버와 시골 촌놈 부부의 기묘한 동거가 시작된 것이다. 화려한 혈통의 개와 시골 사람이 만나면 어떤 일이 벌어질까? 답은 간단하다. 집 안은 매일 개판이 되겠지만, 그 속에서 우리는 더 크게 웃고, 더 단단히 살아갈 거라는 것.

앞으로 부잣집 리트리버와 시골촌놈들의 시트콤 인생의 첫 회가 리트리버의 장난기 자글자글한 눈빛과 함께 펼쳐질 것이다.

악마와 천사 [지랄발광 리트리버]

골든리트리버. 이름만 들어도 뭔가 금빛 아우라에 천사 날개 달고 꼬리 흔드는 이미지가 떠오른다. 정확하다. 생각하는 그 이미지의 리트리버가 맞다. 하지만 어린 시절과 개춘기를 지나기 전의 리트리버들은 사뭇 다르다.

"순둥순둥 천사견 맞죠??" 하고 묻는 분들이 많다. 하지만 진실을 알려드리려 한다. 꼭 알려드리고 싶은 사실이 있다. 이건 리트리버를 키우는 사람들만 아는 반전이 있는데 그건 바로 파괴 본능을 장착하고 있다는 사실이다. 입양을 기다리는 새끼 리트리버 중 상당수가 그 이유 때문에 반려자를 찾지 못한다는 사실, 모르는 분들 많을거라 생각한다. 차라리 입양을 기다리는 쪽이 훨씬 나을지도 모르겠다. 최악은 새끼 리트리버의 엄청난 파괴력을 맛본 후 멘탈이 깨져버린 사람들에게 파양 당하는 리트리버들이 상당하다는 안타까운 사실이다. "얘네들이 버려진다구요??" 의아해하시는 분들도 계시고 나도 그랬다. 하지만 현실이다. 급속도로 커져가는 덩치와 덩칫값 하는 순간들로 인해 식겁하고 파양한다. 가끔은 뱃속에 아가가 태어나면서 대형견은 버겁다며 버려지는 경우도 은근 많은 걸로 안다. 정말 너무나 가슴 아픈 이야기다.

리트리버가 사고를 크게 치기는 하지만 다 그런 것도 아니고 성향과 상황에 따라 다를 것이다. 우선 사고를 쳐도 개든 사람이든 물림사고만 안 나면 다 해결 가능한 사고들이다. 가끔 리트리버 견주들 중에 리트리버의 재산파괴로 인해 중고차 한 대 값 정도의 인테리어비용이 발생했다는 소식을 풍문으로 듣기도 했다. 그들은 이렇게 말한다. "사람을 물거나 개를 물어서 수습도 안될바엔 차라리 돈으로 해결되는 사고가 나아요."

내 머릿속이 엄청 복잡해지는 순간이었다. "그래, 리트리버는 사람은 안물어도 개는 문다 그랬어. 그런데 훈련을 잘못시킨다면 아무리 천사리트리버라도 사람을 물지도 몰라. 이렇게 큰 애가 물면… 안

돼 안돼."

엄청난 책임감이 나와 남편의 가슴속에 파고들어 갔다. 단 하나의 생명을 끝까지 책임지는 것만이 책임감이 아니었던 것이다. 개 한 마리에 엄청난 책임감들이 딸려 온 것이다. 그때부터 우린 다른 건 몰라도 입질과 무는 것에 대한 훈련에 90% 맞추었다. 남편의 역할이 컸다.

리트리버들은 평균적으로 2살까지는 악마 모드로 산다. 이 시기는 흔히 리트리버 지옥훈련소 생활이라고 하면 되겠다. 이 시기를 무사히 넘기지 못하면, 집은 늘 지뢰밭이고, 주인은 늘 멘탈 파산 직전까지 간다. 하지만 이 시기만 잘 겪어낸다면 리트리버가 3살쯤 넘어가는 순간 거짓말처럼 천사 모드로 새로 태어난 내새끼를 만날 수 있을 것이다. 즉, 2년 또는 3년간은 "헬 난이도 튜토리얼"을 견뎌야만 진짜 리트리버와 함께 살 수 있을 것이다. 하지만 이 또한 평균일 뿐, 처음부터 끝까지 조용한 리트리버도 있고 죽을 때까지 지랄발광맞은 리트리버도 있다는 사실 명심해야 한다.

나도 처음에는 '리트리버 = 온순한 천사'라는 소문만 믿고 덜컥 입양했다가, 집이 박살 나는 소리를 매일 들었다. 벽지는 뜯기고, 쿠션은 분해되고, 내 멘탈은 고장나고…그렇게 내 팔을 족발마냥 씹으려 했다. "이게 진짜 천사면 나는 왜 지옥에 있는 거지?" 싶었다.

우리 조이는 첫 만남 이후로 얼굴은 "나는 천사야"를 하고 있었지만 행동은 "나는 파괴의 신이자 악마의 화신"이었다. 온 집안을 뛰어다니며 쿠션? 5초면 펑하고 터졌다. 슬리퍼? 이상하게 늘 한쪽만 사라졌다. 벽지? 이건 고급 간식이였다. 그리고 이 모든 잔해물 위에서 승리의 미소를 짓는 리트리버의 얼굴은 천사라기보다 오히려 B급 호러영화 악당에 더 가까웠다. 이건 우리 조이의 이야기다. 악마시기의 조이의 눈빛은 나에게 이렇게 말했다. "인간들은 구경이나 해라! It's my show time!"이라며… 조이는 집안을 전장으로 만들었고 나는 매일같이 폐허속에서 커피를 들이키며 살았다. 웃긴 건 이런 얘기를 다른 리트리버 집사들에게 털어놓으면 다들 똑같은 반응을 한다. "아~다 그래요. 저희 애도 그랬어요." 뭔가 대단한 해결책이라도 알려줄 줄 알았는데, 그저 공감이라는 이름의 헛된 위로만 주고 간다. 하지만 아이러니하게도 그게 또 힘이 된다. "그래. 나만 당하는 게 아니구나. 다 같이 망가지고 있구나!" 리트리버 집사들끼리만 공유하는 일종의 집단 카타르시스랄까.

그리고 신기하게도 2-3년이라는 지옥훈련소를 지나면 금쪽이가 어느 날 갑자기 달라진다. 정신 못 차리던 놈이 침대 옆에 얌전히 앉아 있고, 사람 말을 알아듣는 것 같고, 집을 박살 내던 놈이 오히려 집을 지켜주기 시작한다. 태양처럼 이글거리는 눈빛에 장난기 자글자글했던 모습은 사라지고 평온하고 따뜻한 눈빛으로 나를 바라본다. 마치 이렇게 말하는 듯했다. "나 이제 좀 철든 것 같아. 근데 그때 쇼파 찢어 먹은 건 아직도 내 베스트 무대야."

결론은 이거다. 리트리버는 분명 천사다. 하지만 그 천사를 만나려면 반드시 악마 시절을 함께 겪어야 한다. 고진감래! 조이는 악마 모드 레벨이 좀 높았을 뿐 결국은 내 인생 최고의 천사가 되었다. 이젠

예전처럼 요란떨지 않고 조용히 기다려주는 리트리버가 되었다. 눈빛 하나로 다 말하는 강아지. "괜찮아 엄마, 이제 난 기다릴 수 있어!" 그렇게 말하는 듯한 눈을 보고 있자니 가끔은 나도 모르게 울컥한다.

그래서 리트리버를 입양하기 전에는 많이 알아보고 리트리버 키우는 사람들을 만나 이야기도 나눠보고 자신의 환경과 직업, 그리고 성향까지 파악한 다음에도 마음 단단히 먹어야 한다. 우리 조이를 예시로 들어보려 한다.

조이는 남편의 불만에도 아랑곳하지 않고 어김없이 침대로 점프해서 올라와 엉덩이로 얼굴을 짓누르고 몸으로 남편을 밀어내며 꼭 나와 남편 사이에 눕는다. 아침마다 눈을 뜨면 따스한 햇살보다 먼저 느껴지는 건 뜨끈한 리트리버 엉덩이의 압박감이었다. 그 눌림에 눈을 떠보면, 이미 세상은 시작됐다.

꼭두새벽부터 일어나서 등산가자는 신호를 보내지만 나는 애써 무시하고 10분만 더를 외친다. 문제는 얘가 그 10분을 못 기다리고 곧바로 온갖 사고 제조기 모드로 들어간다는 거다. 소파를 찢어놓고 베개는 이미 내가 알던 그 베개가 아니며 의자다리는 두 동강 나 있다. 나는 그 소리에 놀라 벌떡 일어나 사태 파악을 해보지만 이미 늦었다. 빠르게 마음 컨트롤을 한다. "괜찮다. 지붕은 아직 무너지지 않았다." 덤덤하게 집 정리를 한다. 어제도 그랬지만 오늘도, 그리고 내일도 나는 당근 무료나눔을 찾고 있을 것이다.

밥 먹고 잠깐 쉬려 하면 배고프다며 주먹밥 같은 발로 펀치를 날린다. 좋게 좋게 말로 했으면 좋겠는데 개는 말을 못한다는 사실을 종종 잊고 산다. 발로 펀치를 날리는 게 악의 없는 최고의 자기표현이었겠지. 우리 조이는 5초 만에 병원비로 50만원을 사라지게 한 적도 있었고 집에 있는 의자다리 씹어먹고 카페 바닥 긁어대고 고양이만 보면 단거리 선수처럼 전력질주를 하려 한다. 고양이랑 놀려고 달려갔다가 얻어맞고 또 가서 또 맞고 또 가고 또 맞고 계속한다. 냄새맡는 척하면서 길바닥에 떨어져 있는 그 무엇이든 주워 먹던 조이의 입을 입마개로 막고 산책을 다녔더니 지나가던 사람들이 맹견인 줄 알고 "어머 입마개 했네. 저렇게 큰 개를 여자 혼자 데리고 다니면 어떻게 해욧!!!"이라며 모르는 사람들한테 잔소리도 많이 듣고 다녔다. 처음엔 달갑지 않은 소리에 내 기분도 많이 상했었지만 이제는 이해한다. 나한테만 천사 티컵강아지지 다른 사람에게는 그저 위험한 커다란 야생 동물일 뿐이라는 거 충분히 이해한다. 나 또한 대형견인 조이를 키우지만 여전히, 내가 모르는 큰 개나, 작은 개들을 보면 조심스럽다. 내 개니까, 내 가족이니까 안전하다고 느끼는 거지 다른 사람들은 충분히 두려울 수 있다는 걸 이기적이게도 너무 늦게 깨달았다.

무튼!! 요약하면 이거다. 리트리버들은 놀고 또 놀고 혀가 바닥을 찍어야 약간 만족해하는 피곤한 3년. 그 3년은 말 그대로 '대형사고 시리즈'였다. 덩치 크고, 놀고 먹고 싸우고 치고 박고… 이 과정들을 함께 거치고 나면 인간의 몸은 근육질로 단단해지고 강아지와의 묘한 동료애로 연결이 된다. 조이와의 이런 시간들이 있었기 때문에 우리는 이제 서로를 더 단단히 믿고 더 깊이 사랑하게 된 걸지도 모른다.

사실 리트리버를 키운다는 건 매일 훈련소를 다니

는 것과 다를 바 없었다. 강제PT, 멘탈 트레이닝, 내구성 테스트. 결국 내가 얻은 건 집안의 잔해물이 아니라 묘하게 강화된 체력과 마음이었다. 웃픈건 조이가 사고를 칠 때마다 "이것도 곧 지나간다"를 속으로 되뇌다 보니, 내가 생각보다 훨씬 너그러운 인간이 되어있었다는 점이다. 나는 깨달았다. 강아지를 키우며 성장하는 건 사실 강아지가 아니라 인간이었다는걸. 처음엔 내가 리트리버를 길들이는 줄 알았지만 시간이 흐를수록 오히려 내가 길들여지고 있었다.

리트리버와 함께하는 시간은 매일 전쟁 같지만 그 전쟁 속에서 나는 더 단단해졌고 더 유연해지고 무엇보다 더 웃을 줄 아는 인간이 되었다. 결국 리트리버는 내 삶을 바꿨다. 집을 망가뜨린 대신 망가져 있던 나를 완성시켜주고 있었다.

시간이 흘러, 우리 집에 또 하나의 생명이 찾아왔다. 아기였다. 조이는 처음엔 낯선 존재를 보고 어리둥절했다. "얘는 왜 나보다 더 작은데 모든 시선을 다 뺏어가는 거야?"라는 표정으로 아기를 빤히 쳐다보더니 곧 다가가 아기의 머리부터 발끝까지 냄새를 킁

쿵 맡았다. 그러고는 내 눈을 보며 이렇게 말하는 것 같았다. "알았어! 얘도 우리 가족이네. 근데 내 간식 은 잊어버리지 마"

조이의 진짜 '천사견 모드'는 그 이후에 시작되었 다. 아기가 태어나기 전까지만 해도 사고 제조기였 던 조이가 이젠 마치 수도승이라도 된 듯 고요해졌 다. 아기가 12개월이 넘기 전까지 조이는 가까이 가 지 않았다. 방바닥을 데굴데굴 구르다가도 아기가 옆 으로 다가오면 그대로 동상걸린 멍멍이처럼 "얼음!" 이었다. 그 모습이 아리송했다. 아기가 싫은가?? 하 는 생각도 해봤지만 아마도 조이는 걱정했을지도 모 른다. 이 작은 녀석을 혹시 실수로 다치게 할까 봐..하 는 조이의 마음이 느껴졌다. 천방지축이었던 조이가 이젠 천사보다 더, 인간보다 더 인간적인 방식으로 사랑을 배워가고 있었던 것이다.

아침 알람이 울리면, 조이는 내가 깨기 전에 먼저 깨서 '우우우우'하며 마치 비상상황이라도 터진 듯 온 가족에게 경보를 울렸다. "알람 빨리 꺼라. 인간들 아, 애 깬다 깨!!" 그 소리를 들으면 진짜로 우리는 벌떡 일어나게 된다. 알람으로 아기가 깨나, 조이의 하울링으로 아기가 깨나 그게 그거지만, 쌍으로 울리는 소리에 벌떡 일어날 수밖에 없다. 결국 깨버린 아기를 안아 달래면 조이는 늘 옆에서 지켜본다. 그 눈빛은 지가 낳은 자식인 양 쳐다보는 눈빛이었다. 아기가 다시 잠들면 그 앞에서 초소 근무하듯 딱 엎드려 있었다. 리트리버는 집을 지키는 개가 아니라 사람의 마음을 지키는 종이었나보다.

가끔은 너무 열심히 지키는 게 아닌가 싶었다. 아기가 먹는 바나나를 노려보다가 "이건 아가보단 내가 먹는 게 나을 것 같은데." 싶은 눈빛으로 탐내기도 하고, 아기가 밥 먹다 장난치면 "이건 내가 마무리해야 하는 임무인가?" 하는 표정으로 은근슬쩍 다가왔다. 아기가 밥 먹는 시간엔 어김없이 조이가 옆에 찰싹 붙어서 대기한다. 혹시라도 아기가 흘리진 않을까, 던지진 않을까, 혹시나 내가 대신 먹어줘야 할 일이 발생하진 않을까.. 그 모습을 보고 있으면 참 재미있고 따뜻하다.

조이와 아기가 함께 있는 풍경은 늘 신기하다. 아

기가 장난감을 빼앗아도 조이는 그저 멀뚱히 쳐다보거나 기꺼이 빼앗겨 준다. 가끔은 가지고 놀던 장난감을 아기가 탐내면 아기 손에 떨어뜨려 주기도 한다. 아기가 조이의 목줄을 함부로 잡고 휘둘러도 조이는 아기의 발에 맞춰 휘둘려준다. 나는 그 장면을 바라보며 처음 조이를 데려오던 날을 떠올려본다. 그때도 집은 개판이었고 지금도 여전히 개판이다. 하지만 그때와 다른 건 하나, 내 인생은 그 개판 덕분에 훨씬 더 충만해졌다는 건 사실이다.

츤데레 리트리버

악마견의 3년을 이겨내고 드디어 천사 모드로 전환된 조이가 악마봉을 이제 막 세상구경 시작한 아기에게 바통터치 하려는 찰나에 우리의 눈물샘을 자극하는 앨범트랙이 존재한다.

아기를 만나러 가던 그날 밤, 내 마음속에는 설렘과 우울함이 동시에 파도처럼 밀려들었다. 곧 세상에서 가장 사랑할 존재를 만난다는 벅찬 기대감, 그리고 세상에서 가장 사랑스러운 조이를 집에 두고 가야한다는 우울함이 내 마음을 갈라놓았다. 병원에 가기전, 조이에게 맛있는 간식을 건네며 속삭였다. "엄마, 동생 데리고 금방 올게." 조이의 예쁘고 맑은 눈망울이 내 마음을 붙잡았지만, 나는 약속을 남긴 채 발걸음을 돌려 병원으로 향했다.

그날 밤이었다. 출산을 앞두고 남편과 마지막 식사로 피자를 나눠 먹었다. "내일이면 아기를 낳고 금방 회복해서 조이한테 얼른 가자!" 속으로 다짐하며 잠자리에 들었고, 다음날 진통과 함께 출산이 시작되었다. 세상의 첫 고통을 이겨내고 아기는 세상 밖으로 나왔다. 아기와의 짧은 스킨십 뒤, 아기는 간호사님 품에 맡기고 나는 후딱 후처치를 한 뒤 남편과 아기를 함께 만날 줄 알았다. 하지만 인생은 계획대로 흘러가지 않듯 그날도 엉뚱한 곳으로 흘러가 버렸다. 나는 출혈이 멈추지 않았고 결국 응급 상황이 터지면서 의료진들이 바삐 뛰어다니기 시작했다. 나는 계속 피를 흘려가며 나의 시간도 함께 흘러내렸다.

눈앞에 불빛은 점점 몽롱해지고 두려움과 공포가 나를 삼켰다. 의식이 희미해지며 내 몸에서 피가 사라지는 게 느껴졌다. 혈압은 떨어지고 산소공급은 끊기며 나는 전형적인 저혈량쇼크 증상 속에 빠져들었다. 결국 응급수술실로 들어가 마취를 시작했지만, 호흡은 따라주지 않았다. 의식이 꺼져가는 마지막 순간까지 나는 그저 살아야 한다는 마음 하나를 붙잡고 있었다. 그렇게 잠시 나의 삶은 아웃트로에 가까워지고 있었다.

하지만 신은 나에게 또 한 번의 삶을 여행 할 기회를 주었고 내가 눈을 떴을 땐 중환자실에 있었다. 수술은 끝났고 여전히 숨이 차고 두려웠지만 난 살아 있었다. 불안함에 떨고 있는 나의 손에 쥐어진 건 남편이 건네준 폰 속 메시지, 그리고 나의 아기의 영상과 나의 조이의 천사 같은 눈망울이었다. 그날 밤 오늘이 고비라는 의사의 짧은 말과 함께 내 곁을 지켜준 가족의 존재가 멈춰 있던 내 호흡을 다시 이어주었다.

내가 중환자실에 들어가던 날, 남편은 집으로 돌아가 조이의 7일 치 밥을 챙겼다. 여전히 고마운 앞집 언니에게 조이를 부탁하고 떨어지지 않는 발걸음을 뒤로한 채 나와 아기가 있는 병원으로 돌아왔다. 앞집 언니는 병원에 있는 내게 조이의 사진과 영상을 보내주었고 조이의 영상은 병원 생활을 버틸 수 있는 강한 힘이 되어 주었다.

시간이 흘러 나와 아기는 조리원으로 갔지만, 내 마음은 집에 있는 조이에게 향해 있었고 하루 종일 울며 밥도 안 먹는 나를 슬슬 걱정하기 시작하는 조리원 사람들의 모습, 그리고 나보다 더 속상했을 남편이 말했다. "그냥 집으로 가자. 아기 데리고…" 이 한마디가 희미한 등불처럼 스며왔다. 조이의 눈망울을 떠올리는 순간 나는 깨달았다. 내가 살아야 할 이유는 '오직 사랑하는 존재들 때문'이라는 사실.

조이는 7일 치의 밥을 하나도 입에 대지 않았다. 집에 잠시 들렀던 남편이 밥이 그대로 있는 걸 보고는 마음이 많이 아팠다고 한다. 우리가 집에 돌아오지 않던 날들 동안 꺼진 불빛 속에서 오매불망 매일 우리만 기다렸던 것이다. 아무리 앞집 언니가 꼼꼼히 챙겨줬어도 조이는 오지 않는 우리만 기다렸던 것이다. 그래도 밥은 좀 먹지… 아무리 말해줬어도 알 리가 없었을 조이는 우리가 돌아오지 않는 날들 동안 텅 빈 집안에서 혼자 얼마나 두렵고 무섭고 외로웠을까. 말 한마디 없지만 조이는 늘 말해주고 있었다. "많이 사랑한다고."

죽음은 한때 나를 끌어내리려 했고 나는 너무 지쳐서 한때는 손을 놓고 싶었다. "이제 그만하고 싶다. 편안해지고 싶다." 그러나 그 순간 들려온 조이의 짖

음과 아기의 얼굴, 남편의 눈빛. 나는 다시 외쳤다. 살아야 한다. 조이를 위해, 아기를 위해, 남편을 위해, 나 자신을 위해.

우리 가족은 희비가 교차했었던 22년 12월을 회상하면 지금도 머릿속에선 묘한 BGM이 흘러내리며 펑펑 운다. 다시금 삶과 가족이라는 것에 행복을 실감한다. 새로운 트랙이 생긴 나의 일상은?? 여전히 츤데레 리트리버 조이와 함께 전보다 더 시트콤 같은 인생을 살아가고 있다. 그리고 나는 매일매일 조이와 아가에게 배우며 살고 있으며 가끔씩 거만해진 것 같을 때 22년 12월을 일부러 떠올린다.

다 필요 없다며 살려만 달라며 아기를 매일 안을 수 있게만 해달라며, 조이의 꼬순내를 매일 맡을 수 있게만 해달라며, 살려만 주면 남 눈치 안 보고 매일 즐겁게 살고 별것도 아닌 일과 사람들에 목메이지 않을 거라며, 나 더 재밌게 살아보겠다고 외치던 내가 또다시 속세로 돌아와 건강이 얼추 회복되고 좀 살만하니 돈을 쫓고 온갖 매력적인 것들에 사로잡혀 허우적대고 있는 나를 보며 반성한다. 가끔씩 간사한 나란 인간을 마주할 때마다 22년 12월을 다시 기억해 본다. 정신 차려 이 인간아!! 하는 순간 조이의 왕발이 내 명치를 때린다. 역시 우리 조이의 츤데레 기질은 타고난 듯싶다. 말로 하지, 굳이 발로 쳐야겠어?

천사가 되어버린 조이는 요즘 밖에서는 조용하고 점잖은 신사 모드지만, 집에서는 완전 딴판이다. 종종 가게에서 손님들 옆에 찰싹 붙어서 쉬고 있거나, 손님들을 빤히 쳐다보며 "오늘은 누가 간식 줄 거야?" 하는 눈빛으로 탐색전을 펼친다. 새로운 손님이 오면 그 손님 옆에 가서 가족인 듯 함께 있는다. 이후 또 다른 손님이 들어오시면 그 손님은 기존 손님에게 조이의 신상정보를 물어본다. 그럼 기존 손님은 당황해 버린다. "어…제…개 아닌데요.." 하며 나를 힐끔 쳐다본다. 그럴 때마다 나는 대답한다. "제 개입니다. 지금 사회생활 중이에요." 조이는 밖에서는 남의 집 개처럼 굴다가, 집에 돌아오면 내 집, 내 인간 모드인 껌딱지로 돌변한다. 아무리 불러도 쳐다보지 않던 녀석이 손님이 나가자마자 내 옆에 찰싹 붙어 눕는다. 그 행동은 꼭 이렇다. "자, 엄마! 오늘 하루

피곤했지? 사회생활 힘들지? 내가 다 영업했어. 이제 간식 타임이 온 것 같은데." 이쯤 되면 조이는 개라기 보단, 그냥 사회생활 하는 사람이지 않을까. 밖에서는 웃고 안에서는 고단한 표정으로 간식을 원하는 리트리버. 고생한 조이를 위해 나는 매일 조이의 간식 서빙을 한다. 가끔은 몸보신을 위해, 하루 종일 사회생활로 고생한 리트리버를 위해 퇴근 후 힐링식사로 닭가슴살을 삶는다.

조이는 가족에겐 츤데레, 다른 사람에겐 전형적인 똥꼬발랄 리트리버다. 이모, 삼촌이 부르면 즉각 대응하고 저 멀리 이모, 삼촌 그림자만 봐도 격한 꼬리 펠러가 작동한다. 하지만 가족에겐 조금 더 조용하게 표현한다. 샤워하는 동안 화장실 문 앞에 엎드려 기다린다거나, 밤에 작업할 땐 다른 방에서 자고 있다가도 어느새 보면 발밑에 와서 누워있다. 턱을 팔에 올려놓고 "엄마, 일 그만하고 나 좀 봐라!" 라는 무언의 압박을 건네기도 한다. 그런데 막상 내가 부르면 안 온다. 그럴 땐 고구마라고 하면 번개처럼 달려온다. 이쯤 되면 사랑보단 간식이 우선인 듯 보이지만 나는 알고 있다. 간식은 핑계일 뿐 사랑이 먼저라는 것을.

내가 슬픈 날이면 괜히 옆에 와서 뜨끈한 엉덩이를 붙이고 누워있는다. 그렇게 내 옆에 있어 준다. 조이는 "거봐, 내가 그랬잖아!! 그러니까–"라는 말을 하지 않는다. 그저 묵묵히 옆에 누워 만져달라고 한다. 자기를 만지다 보면 모든 것들이 좋아질 거라는 듯이…안아줄게라는 말 대신 자신의 털로 덮어주고, 사랑한다는 말 대신, 내 양말을 씹어먹는다. 보고 싶었어 대신, 비좁은 틈을 비집고 들어와 기어코 끼겨 앉는다. 감정을 읽을 줄 아는 멍멍이라.. 가끔 이런 생각을 한다. 조이는 나보다 훨씬 단단한 감정의 리듬을 가지고 있다. 감정 기복도, 기대도, 후회도 없이 그저 묵묵하게 곁을 지킨다. 사람보다 나은 개. 아니, 사람보다 더 사람다운 리트리버.

오늘도 나는 네가 없으면 안 되는 하루를 살아가고 있다.

대환장 똥파티

감동은 잠깐이었다. 현실을 다시 바라보아야 한다. 나는 초등학생 정도 되는 대형견과 함께 사는 반려인이다. 역시나 리트리버는 덩칫값을 한다. 사고도 덩치만큼 치지만 똥도 덩치만 하다. 새끼 리트리버임에도 불구하고 조이의 첫 똥을 주울 때 만감이 교차했었다. 결국 그 첫 똥은 남편이 고래고래 소리를 지르며 주웠던 기억이 난다. 우리 조이의 똥줍이 익숙해진다 싶을 즈음 개춘기가 왔고 그 시점에 똥도 머리도 굵어졌다.

자신의 똥은 일반 똥이 아니라는 듯이 마치 "이건 나의 감정의 조각상이다." 라는 듯, 곡선의 미학을 살린 나선형의 굵은 똥을 조각한다. 내 머릿속은 아수라장이 되었고 "이게 뭐야!!"를 외쳐댔다. 조이는 내 눈을 똑바로 바라보았고 그 눈빛은 말했다. "이건 똥이 아니라 표현이야. 얼른 주워 담아."

조이가 점점 커지면서 대환장 똥파티라는 새로운 챕터에 들어서게 되었다. 조이는 매일 새로운 장소를 탐험하기에 바빴고 나는 매일 다른 방향에서 탈진하기 바빴다. 조이는 똥으로 세상을 그렸고 나는 똥 봉지로 그 예술작품을 치워야만 했다. 관계든 인생이든 결국 누군가의 흔적을 닦으며 배우는 것. 리트리버는 어떤 식으로든 나를 단련시키는 듯하다.

조이와 함께하는 산책은 '운동'보다는 수행에 가깝다. 거짓말 조금 보태서 조이는 나보다 더 부지런한 멍멍이다. 매일 아침, 알람을 듣고 10분만을 외치는 그 순간, 조이는 이미 현관 앞에서 "무슨 일이 있어도 산책은 포기할 수 없어." 하는 똥 마려운 강아지 얼굴로 기다리고 있다.

그렇게 매일 아침 산책 겸 운동을 나간다. 조이는 한 방에 끝내는 다른 개들과 달리 분할형이다. 10분마다 한 번씩, 아침 산책 동안 3-4회 작품을 만든다. 나는 이해할 수 없었다. "왜 이렇게 나눠 싸지??" 하지만 어느 날 문득 조이를 이해해보기로 했다. 조이의 응가 루틴은 조이의 인생일 수도 있다. 한 번에 다

쏟아내면 시원은 하겠지만 남는 여운은 없다. 그래서 조이는 나누는 것이 아닐까. 커다란 한 덩이씩, 3-4번에 걸쳐, 자신의 하루를 작품으로 기록하는 것이리라…. 겨울엔 또 다른 작품활동을 한다. 조이는 싸고 싶은 마음은 있지만 추위에 엉덩이가 바람 맞을 용기는 없나보다. 3-4번의 작품활동이 겨울철엔 2-3번으로 줄어든다.

가끔 이런 생각도 든다. 내 인생도 조이의 응가 루틴 같으면 좋겠다며 어쩌다 한번 대청소하듯이 묵혔다가 쏟아내지 말고 조금씩 자주 꾸준히 비워내는 삶. 이게 좋겠다 싶다. 쌓이지 않게 눌리지 않게 그래야 다시 채워질 수 있으니까. 인생은 결국 싸고 비우고 다시 걷는 일이며, 조이의 옆에서 봉지를 펼치며 '이게 바로 삶이구나…내 몫의 똥을 감당 하는것..' 이라고 생각할 즈음 조이는 날 바라보며 이렇게 말한다. "엄마..응가에 이상한 철학을 붙이지 마…"

나는 산책하는 동안 똥이 담긴 봉지만 여러 개를 들고 다녀야 한다. 조이의 성향을 존중해서 늘 똥봉지는 여유롭게 챙겨다닌다. 하지만 여름엔 사정이 다르다. 겨울에는 여기저기 주머니가 많아 손만 넣으면 나오던 봉지가, 여름만 되면 봉지들이 갑자기 증발해 버린다. 가끔씩 내 손안에 든 봉지가 마지막이라는 걸 깨달은 순간 산책길은 스릴러가 되어 버린다.

묶었던 봉지를 풀어서 아슬하게 줍다가 손에 응가가 묻어버리면 손이 그대로 굳어버리고, 똥이 피부로 스며들어감을 느끼며 빠르게 물이 있는 곳으로 향한다. 아무리 손을 씻어내도 묘하게 하루 종일 응가가 묻어있는 기분이다. 겨울엔 똥 줍다가 손이 얼고, 여름엔 냄새가 시 한 편 만든다. 가을엔 낙엽 사이에 숨겨진 작품을 찾아야 하며, 봄엔.. 아지랑이보다 똥이 먼저 피어오른다. 응가가 모두 끝나면 나는 봉지를 흔들고, 조이는 꼬리를 흔들며 목적지를 향해 걸어간다.

이상하리만치 우리 가족은 조이와의 똥사건이 참 많다. 조이가 평범하지 않은 응가 습관을 지닌 리트리버여서 그럴지도 모르지만, 하여튼 인간이든 개든 급똥은 시간이 흘러 에피소드로 남는 것 같다.

조이와의 똥사건이 너무 많아서 나는 조이의 뒷다

리만 봐도 똥 마려운지 파악이 된다. 나는 그것을 똥다리라고 부르고 있다. 똥봉지가 부족할 땐 조이 뒷다리만 유심히 바라본다. 조금이라도 똥다리를 하는 순간, 목줄 잡고 뛰어!!!!!!를 외치며 집이든 가게든 어디로든 절대 응가가 밖으로 나오지 못하도록 전력 질주해 안전지대로 들어간다. 조이와 우리는 서로 다른 의미의 한숨을 내쉰다. 우리의 한숨은 살았다고 조이의 한숨은 똥이 쏙 들어갔다와 같달까.

매일의 똥파티는 종종 큰 파티로 이어지는 경우도 있다. 최악의 경우는 차들을 통제하는 경우도 있었다. 고작 개 한 마리가 도로 한가운데에 싼 똥 때문에.. 욕도 먹었지만 사람들에게 웃음도 전해준 것 같아서 이걸 기뻐해야 할지, 슬퍼해야 할지 모르겠지만 기뻐하기로 해본다. 치우기 힘든 똥은 꼭 보차도 한가운데에서 싼다. 급해서 그런 걸까, 아니면 일부러 그러는 걸까.. 불편한 응가를 닦아내는 동안 조이는 얌전히 기다려주지 않는다. 지나가는 누나, 형, 이모, 삼촌 모두에게 관심받고 싶어 바쁘다. 조이와 나의 연결고리인 목줄로 인해 누구 하나의 움직임 하나로 모든 게 줄다리기 되는 상황임에도 불구하고 조이는 예쁜 이모에게 가려고 당기고, 나는 똥 때문에 조이를 당긴다. 이 관종!! 관심받으려 보차도 한가운데에 똥을 눈 걸지도 모른다. 이 모든 과정을 지켜보며 기다려주었던 차주분들께 너무 감사하다. 누구 하나 클락션 울리지 않고 관종끼 있는 개 한 마리와 도로 한가운데에서 싸우며 똥 줍고 길을 닦는 가여운 인간을 너그러이 기다려주었던 사람들에게 감사한 마음을 전달해 본다. 너무 응가이야기만 해서 지저분 할 거 같아 이 챕터는 짧게 끝낼 생각이다.

조이와 함께라면 인생의 지저분한 반복마저 유쾌해진다. 결국 똥을 치운다는 것은 삶의 잔여물을 정리한다는 뜻이다. 오늘의 실수, 짜증, 후회 같은 것들. 그거 그냥 봉지에 담아 버리면 된다. 내일은 또 새로 싸면 되니까.

개팔상팔

'개팔자가 상팔자다.' 아무리 그래도 개팔자가 상팔자가 될 수 있을까?? 먹고 자고 싸고, 주인의 통제하에 살아야 하는 인생이 어디 상팔자냐. 하지만 막상 키워보면 생각이 바뀐다. 진짜다. 개팔상팔 맞다! 개 키워본 사람이라면 이 말 들을 때마다 피식 웃을 거다. 처음엔 그냥 살짝 공감이 가면서 웃겼는데 시간이 지나고 보니까 알겠더라. 진짜 상팔자 맞다!

조이를 보고 있으면 가끔은 너-무 부럽다. 하루 종일 자고, 일어나서 밥 먹고, 잠깐 놀다가 또 잔다. 그런데 그 표정이 너무나 평화롭다. 세상 걱정 1도 없고, 내일에 대한 불안감도 없다. 오늘이 좋으면 그냥 좋은 거다. 그 단순한 공식 하나로 사는데, 이게 또 너무 완벽하게 굴러간다. 나는 하루의 루틴 속에서 늘 피로하다. 그런데 조이는 루틴이 없어도 흐름이 있는 듯하다. 그냥 흘러가게 두는 거 같은데 신기하게 조이에겐 뜻밖의 선물들이 종종 쏟아진다.

2년 전부터는 내가 조이의 간식을 사본 적이 없다. 조이를 사랑해 주고 아껴주시는 많은 분들께서 카페로 오셔서 커피도 사주시고 조이 간식도 잔뜩 안겨주고 가신다. 이럴 때 보면 나는 조이 덕분에 먹고 사는 듯하다.

조이는 사회적 체면도, 남의 시선도, 미래 계획도 없다. 그저 "지금 나의 기분이 어떤가." 에만 충실한 리트리버. 행복이란 결국 거창한 게 아니라 "오늘 기분 나쁘지 않음." 이 정도면 충분한 걸까?

인간은 너무 많이 배워서, 너무 많이 비교해서, 너무 많이 걱정해서 오히려 불행해졌다. 그런데 조이는 태어나서 아무것도 배우지 않았는데 이미 다 알고 있는 것처럼 사는 것 같다. 그래서 가끔은 이런 생각도 한다. "얘…개 아닐거야.."

내가 일에 치이고 관계에 휘둘릴 때, 조이는 눈을 감고 푹-잔다. 그리고 그 코 고는 소리는 내 인생의 메트로놈처럼 들린다. 조이는 내 삶을 조용히 비춰주는 거울 같은 존재다. 아무 말도 없지만 단호하게 알려준다. "엄마, 좀 내려놔. 그렇게 안 살아도 돼." 세상은 복잡해졌지만 행복의 공식은 여전히 간단하다. – 밥, 낮잠, 그리고 산책.

육아할 때도 조이는 늘 나와는 달랐다. 나와 남편은 애를 달래고, 재우고, 간신히 밥 한 숟갈 뜨면 애는 또 운다. 하루가 전쟁인데 조이는 그 와중에 혼자 평화협정체결한 존재였다. 늘 제일 먼저 누워 자고, 제일 늦게 일어난다. 전쟁을 치르고 겨우 눈 감은 나는 아드득 소리에 다시 눈을 뜬다. 이건 마치 새벽전쟁이 시작되었음을 알리는 듯이, 새벽에 혼자 나와 여유롭게 밥을 먹는 조이의 와그락 달그락거리는 소리에 딥슬립은 포기한다. 조이는 눈 뜨자마자 하품 한 번 진하게 하며 그 하품이 마치 세상 모든 걱정을 쓸어가는 듯 느긋하다.

내가 아침부터 커피로 정신을 붙들고 있을 때, 조이는 이미 자기 컨디션 체크 다 끝내고 나와 남편을 번갈아 바라본다. 그 눈빛은 마치.. "오늘은 컨디션이 좀 좋으니까, 오전엔 낮잠 좀 때리고 오후엔 햇살 아래서 산책 좀 하자구. 아, 그리고 아빠는 저녁 운동

준비해." 그 눈빛이 어이없는데 또 부럽기도 하다. 솔직히 말해 개랑 비교하는 게 웃기지만 가끔 그런 생각도 한다. 불공평하다. 우린 피곤해도 일어나야 하고 아파도 출근해야 하는데 조이는 피곤하면 그냥 잔다. 심심하면 논다. 기분 좋으면 굴러다닌다. 싫으면 피한다. 배고프면 먹고 필요한 게 있으면 짖으면 해결된다. 딱 그게 전부다. 그 단순함이 어쩐지 인생의 정답 같다. "인생은 원래 이렇게 단순했는데 우리가 괜히 복잡하게 만들어 놓은 건가?" 조이를 보면 이런 생각을 자주 한다.

조이는 매일 나를 놀리듯 산다. 나는 스케줄에 하루를 쪼개 쓰며 사는데 조이는 아무 일정 없이도 하루를 완벽히 채운다. 산책 한 번 나갔다 오면 오늘 할일 완료. 밥 먹고 낮잠 자면 자기개발 완료. 가끔 그걸 보면서 현타가 오기도 한다. "조이는 게으른 것 같은데 왜 더 행복해 보이지??" 그건 아마 조이는 사는 법을 아는 것이고 나는 버티는 법을 배우며 사는 거라 그럴지도 모른다. 결국 조이는 매일 나에게 이렇게 말하는 것 같다. "엄마. 힘 좀 빼고 살아도 돼. 괜찮아."

　조이를 보면 이런생각도 한다. "조이는 시계를 모르는데 왜 나보다 더 시간을 잘 쓰는 것 같지??" 우린 늘 바쁘다고 말하지만 정작 뭘 그렇게 바쁜지는 모르고, 조이는 느긋하게 걷지만 하루가 늘 꽉 차 보인다. 그건 아마 사는 속도의 차이가 아닐까. 나는 늘 앞질러 가느라 현재를 놓치고 조이는 매 순간을 붙잡고 사는 걸지도 모른다. 조이에게는 당장 내일보단 지금 냄새 맡는 게 중요할 것이다.

　산책을 하다가 조이가 한참을 멈춰서 냄새를 맡을 때, 그걸 기다리지 못하고 "조이야! 가자!!" 라며 다그쳤다. 조이는 단순히 냄새를 맡는 것에 그치지 않으며 나름 하루의 기록을 만들어가는 중이라는 것을 알기에 어느새 나도 조이를 따라 해본다. 조이가 멈추면 나도 멈춰서 바람 냄새를 맡고, 햇살의 온도를 느끼고 커피 향이 좋은 날엔 그냥 한참을 느껴본다. 그 순간만큼은 나도 조이처럼 살아본다. "해야 할 일을 잠시만 내려놓고, 지금 하는 일을 있는 그대로 느낀다." 조이를 키우면서 나는 알게 됐다. 사는 건 결국 속도의 싸움이 아니라 방향의 문제라는 걸. 우린 늘 빨리 가려 하지만 조이는 그냥 제대로 간다. 조금 늦더라도, 즐기면서. 결국 인생도 비슷하다. 목표만 보고 달리는 인간보다, 길가 냄새 한번 맡고 바람결 따라 멈출 줄 아는 개가 더 현명할지도 모른다. 가끔 조이는 내가 너무 빠를 때 일부러 멈추기도 한다.

"엄마. 인생 좀 천천히 가도 돼.." 라고 말해주는 것 같다. 그럼 나도 멈춘다. 그리고 조이를 기다려준다. 세상 별일 다 있어도 그 순간만큼은 평화롭다. 종종 조이는 뒤돌아 나를 바라본다. "엄마도 천천히 즐겨봐." 그 눈빛엔 약간의 걱정과 약간의 비웃음, 그리고 약간의 사랑이 섞여 있다. 그 한 번의 눈빛에 나는 멈춘다. 그리고 깨닫는다. 인생은 달리기 경주가 아니라 여행이다. 목표도 중요하지만 사람 사는 인생 계절 냄새 한번 맡을 여유가 더 중요하다. 조이는 오늘을 살았고, 나는 내일을 걱정했다. 결국 행복은 개가 차지했다. 이게 개팔상팔의 진짜 뜻 아닐까 싶다.

커피 향 가득한 가게에 앉아 쉬고 있으면 조이는 나보다 더 잘 쉬고 있다. 나는 늘 뭔가 해야 할 것 같아서 괜히 먼지를 털고, 메뉴판 각도를 맞추고, 컵을 닦고 있는데 조이는 그냥 눕는다. 그것도 세상 편하게, 이 세상의 공기를 혼자 다 소유한 듯 누워 있다. 그러다 슬쩍 나를 보더니 갑자기 놀고 싶다는 눈빛을 마구 던진다. 그럼 결국 난 모든 걸 내려놓고 놀아준다. 조이는 나의 상사이자 멘토이자, 어쩌면 내 삶의 에너지다.

조이의 모토는 "지금은 그냥 놀아라. 일은 그다음에 즐겨라." 조이는 그런 식으로 내 삶의 순서를 바꿔놓는다. 사람들이 가끔 조이를 보며 말한다. "와, 너무 예쁘다. 행복한 멍멍이네요." 맞다. 행복한 건 조이다. 근데 진짜 행복한 건 그걸 옆에서 구경하고 있는 나일지도 모른다. 조이는 내 삶의 속도를 강제로 늦춰주는 존재다. 멈출 땐 멈추고, 냄새날 땐 쿵쿵대고, 맘에 드는 나뭇가지 있으면 거기 가서 쭈그리고 앉아 바로 씹어먹는다. 나도 그걸 보며 배운다. "그래. 사는 게 꼭 달려야만 하는 건 아니구나." 가끔은 멈추는 것도 나쁘지 않다. 세상이 시끄러울수록 조이는 더 조용하게 산다. 그리고 그 조용함 속에서 나는 나를 조금씩 되찾는다.

밤이 되면 조이는 또 제자리로 돌아가 잠든다. 나는 코 고는 리트리버 옆에서 하루를 정리한다. 조이는 하루 종일 논 것 같지만 사실은 나보다 훨씬 부지런했다. 쓸데없는 걱정을 덜어내느라… 그 단순함이 부럽다. 우린 늘 생각하느라 잠 못 드는데, 조이는 늘 지금에 산다. 그래서 결국 나는 깨닫는다. "개 팔자가 상팔자라는 말은 개가 잘 살아서가 아니라 우리가 너무 복잡하게 살아서 생긴 말이 아닐까."

나는 요즘 개팔상팔에 대해 이렇게 정의한다.

'개팔상팔 = 본능에 충실한 자의 승리'

배부른 예술

나는 요즘 확신하는 게 있다. 나의 반려견, 조이는 예술가다. 그것도 내가 평생 꿈꿨던 그 직업 '배부른 예술가'다. 카페 한가운데 누워 있는 조이를 보면, 얘는 얼굴 하나 믿고 편하게 사는 게 아닐까 하는 생각을 하곤 한다. 그렇게 또 깊숙이 관찰해보면 저 편안함마저 작품 같다. 카페 통유리를 통해 들어오는 햇빛 아래서 게슴츠레 뜬 눈으로 고개를 살짝 돌리는 조이의 모습은 마치 화보이며, 비 오는 날 카페에서 은은하게 풍기는 커피 향과 함께 입 찢어지도록 하품하고 있는 리트리버의 모습은 그림이다. 심지어 트름과 방구 소리마저 카페 손님들의 웃음을 책임지는 사운드 디자이너이기도 하다. 내가 겪어봐.. 웃음기 싹 사라진 텅빈 카페를 볼 수 있었을 것이다. 무튼, 카페 손님들은 조이를 볼 때마다 감탄한다. "어머, 개가 너무 잘생겼네요." 라며… 그럴 때마다 조이는 다 알아들었음에도 불구하고 괜히 부끄러움에 모른척하는 것 같아 보이기도 한다. 그저, 고개를 살짝 들고 "그래, 나도 알어." 하는 표정을 나에게만 보여준다. 이건 배부른 예술가가 취할 수 있는 태도이며 배부른 예술가만의 아우라다.

카페에 놀러 온 귀여운 아이들이 조이를 귀여워한다. 이 장면은 마치 세상에서 가장 순수한 존재들이 올망졸망 모여있는 아-주 귀하디 귀한 예술의 한 장면이다. 그리고 그 옆에는 순수한 아이들의 손을 잡고 함께 온 순수했던 어른들이 있다. 그들의 생각은 아이들과는 조금 다르다. 그들은 아이들에게 사랑받고 있는 조이를 보며 "요놈 팔자 좋다! 부럽다." 며 은은한 츤데레같은 미소를 보인다. 조이는 세대를 초월하여 인간의 한 가정을 쥐고 흔든다. 이쯤 되면 이건 예술이 분명하다. 남의 마음을 흔들 줄 안다는 건 다 예술이다. 조이의 예술은 단 한 가지 재료로 완성된다. '순수한 얼굴로 표현하는 배부름'

가게로 손님들이 오면 조이는 마치 무대 위 배우처럼 태세를 바꾼다. 눈빛은 맑눈광 렌즈를 착용한 듯

초롱초롱하고 엉덩이는 살랑살랑 리듬을 타기 시작한다. "안녕하세멍, 저는 이 카페의 기둥입니다멍." 자신만만한 표정으로 앉아 있으면 사람들은 죄다 조이의 팬이 된다.

가끔씩 손님들께서는 "얘가 빅핸드예요??" 라고 질문을 해주신다. 그럼 나는 "그건 카페 이름입니다. 얘는 조이예요." 라고 알려드리면 손님은 "조이에?" 라며 쉽지 않은 의사소통이 이어지기도 한다. 조이는 카페 마스코트가 확실하다. 덕분에 손님들과 유쾌한 대화도 할 수 있다. 그렇게 또 손님이 마지막 질문을 한다. "얘 무슨 종이예요?" 나는 말씀드린다. "그냥 배부른 리트리버 종입니다."

조이는 화려한 퍼포먼스의 장인이기도 하다. 간식을 던져 주었을 때 기어코 받아먹지 못하고 바닥으로 떨어진 닭고기를 찾아 괜히 우아하게 주워 먹는, 실패조차 품격있게 보이게 만드는 능력을 지닌 진짜 예술가다. 가끔은 던진 고기를 코로 되받아쳐 다시 되돌려주기도 하는 의도치 않은 멋진 퍼포먼스를 보여주기도 한다. 그 뒤엔 아쉬움의 눈망울을 내보이며

"이거 내가 의도한 연출이야." 라며 "괜찮다면 다시 던져줄래?" 라고 말해주는듯 하다.

하지만 진짜 예술은 비싼 간식이 나타났을 때 진가를 발휘한다. 비싸고 고급진 간식을 던졌을 땐 조이의 퍼포먼스는 180도 달라진다. 던지는 족족 단 하나도 놓치지 않고 싹-받아먹는 조이다. 먹이의 퀄리티에 따라 다른 연출을 의도하는 조이를 보면, "예술이란, 결국 자기만의 속도로 살아가는 일." 아닐까?

간식이 날아와도 고급진(간식) 타이밍이 아니면 그냥 날려 보낸다. 그러다 기분이 최상급(간식)에 올라가는 순간, 입을 벌려 완벽하게 캐치해낸다. 멋진 연출이다. 나는 이런 조이 옆에서 커피 한 잔 마시며 중얼거린다. "쟤 진짜 개 아닐 거야."

개를 보며 예술인의 인생을 배운다고 하면 사람들은 고개를 갸웃거릴 것이다. "개가??" 하지만 난 단언한다. 세상에서 가장 철학적인 존재는 배부른 개다. 개는 배고플 땐 존재 자체가 현실적이다. 먹을 것 외엔 아무것도 관심이 없고, 눈빛은 이미 본능에 충실함 장착이다. 그러다 밥 한 그릇 뚝딱 비우는 순간

개의 세상은 바뀐다. 배부름에서 오는 평온함. 아무 것도 안 하는데 다 하는 느낌. 그 짧은 순간 개는 철학자가 된다. 조이의 예술은 사료로 작동되는 듯하다. 밥이 떨어지면 영감도 떨어진다. 사료를 먹는 순간 조이의 영혼은 충전된다. 배고프면 짖고, 배부르면 철학한다.

인간에겐 입금 전후 창작 시스템이 있다면, 개에게는 식사 기반 창작 시스템이 있는 게 아닐까? 조이를 보면 알 수 있다. 배부른 조이는 스스로를 표현한다. 모닝 달걀 후, 아침 햇살이 들어오는 방안에서 조이는 그대로 멈춘다. 마치 빛의 질감을 연구하는 개처럼 그 자리에 딱 서서 눈을 가늘게 뜨고 콧구멍을 벌렁거리며 허공의 냄새를 맡는다. 그때의 조이 표정은 딱 이거다. "이 빛…. 먹을 수 있는 건가??"

아침 명상 후, 밖으로 나와 아침 산책을 하다 보면 이 세상은 조이의 갤러리가 아닐까 하는 생각을 한다. 전봇대에서 나는 수많은 개들의 형상, 흙에서 나는 지렁이의 밟히는 인생사– 세상 모든 냄새가 조이의 갤러리이다. 나는 그냥 줄 잡고 끌려다니는 존재일 뿐이다. 이렇게 조이의 아침 산책까지 마치면 카페로 출근한다.

카페 안의 공간은 햇빛이 잘 들어오는 구조이다. 통유리로 되어있어서 따뜻한 햇살 맛집이기도 하다. 그런 공간에서 조이는 마음껏 햇빛을 받아낸다. 커다란 몸을 이리저리 굴려 가며 햇살을 온몸으로 받아들인다. 나는 굴러다니는 큰 개 주변에서 글을 쓰기도 하고 가사를 쓰거나, 가게 관련 일들을 처리하며 카페인 수혈을 한다. 한참 동안 내 주변에서 데굴데굴 굴러다니며 햇살을 마주하던 조이가 내 발을 툭 치는 순간 '저게 바로 자유구나..' 하는 생각이 절로 든다. 그땐 나도 조금 쉬어야지.. 하며 잠시 조이와 함께 카페 안으로 들어오는 따뜻한 햇살을 즐기며 잠시 쉬어 간다. 우리의 쉼은 조금 다르다.

나는 쉬면서도 "저녁은 뭐하지, 쿠키 지금 만들어야 할까? 가게 재고는 다 있나?" 라며 투 머치 띵킹을 하는데 조이는 그저 게슴츠레 눈을 뜨고 머리를 비우며 가벼운 구름을 바라본다.

가끔은 조이가 안절부절못하고 날 보며 자꾸 짖고,

얼굴을 겨드랑이 사이로 비집고 들어오고, 타자를 치고 있는 내 팔을 코로 툭툭 치는 그런 이상한 날. 놀자는 거다. "그래…오늘은 노는 게 맞다! 나도 놀자!"

이렇게 배부른 예술가에게 깜빡 속아 카페 문을 닫고 놀러 간 적이 몇 번 있다. 분명 분위기에 취해 우린 놀러 간다고 생각했다. 아니었다. 오롯이 우리 조이가 실컷 뛰어놀고 먹고 자고 놀고 놀고 놀고 놀 수 있는 곳으로만 다니다 보니, 돌아와서 보면 조이의 매니저였을 뿐, 우린 쫓아다니다 지쳐 돌아온다. 이게 예술가의 초능력이 아닐까. 말하지 않고 얻어내는 기술. 타고난 시크릿의 법칙 응용가.

사실 따지고 보면 조이는 노력형 예술가는 아닐지도 모른다. 타고난 천재형 게으른 예술가이지 않을까. 먹을 만큼 먹고, 놀 만큼 놀고, 잘 만큼 자고, 그 모든 루틴이 하나의 예술이다. 조이는 성과를 내려 하지 않는다. 대신 감정을 남긴다. 간식을 앞에 두고 꾹참기도 하지만, 결국엔 왕발로 툭툭 건드리며 먹고 싶다는 어필을 한다. 결국 나는 그 귀여운 예술에 넘어가 버려 간식을 냉큼 입으로 가져다 다.

조이는 밥을 꼭꼭 씹어먹은 후 배가 부르면 철학자가 되는 듯하다. 창밖을 바라보며 산을 응시하고, 바람 냄새를 맡으며 "인생은… 이런 거지…" 하는 표정으로 사색을 즐긴다. 한껏 예술혼이 차오른 그 얼굴을 보고 있는 나는 "쟤는 아무것도 안 하는데 생각보다 완성형이네??" 라고 속삭인다. 그렇게 조이는 식사 후 아무 미련 없이 눕는다. "오늘의 창작은 여기까지." 라는 듯이.

조이라는 하나의 예술을 보며 나는 느낀다. 인간은 늘 내일을 걱정하며 오늘을 허비하지만, 조이는 오늘을 완벽히 살아낸다. 예술은 배고픈 사람이 하는 게 아니라, 마음이 배부른 사람이 하는 게 아닐까.. 라며-"아, 오늘도 열심히 살았다개. 밥 한 그릇 뚝딱 비워냈으니까!"

가족 모두가 나갔던 문으로 다시 안전하게 들어왔다는 것과, 함께 마주하며 따뜻한 저녁 한끼를 먹을 수 있다는 것과, 여전히 사고뭉치들이 흔적을 남기는 장면을 보며 웃을 수 있다는 것, 그리고 사랑하는 이들의 숨소리가 고르게 섞일 때 이건 마치 엄청난 음악의 탄생과 같다는 생각이 드는 그 순간 깨닫는다.

사는건 이렇게 단순하고도 완벽했다는 것을, 거창한 성공이 아니라 그저 사랑하는 이들이 같은 공간에 있고 웃고 숨 쉬고 있다는 것, 그게 진짜 행복의 완성이다. 물론, 경제적인 여유도 중요하다. 하지만 모든 행복을 돈에서 찾기란 매우 어려울 것 같단 생각이 들었다는 거다.

무튼 조이에게 하루의 마무리도 배워본다. "이 정도면 충분하잖아?? 내일은 또 내일의 햇살이 알아서 비춰줄 거야." "그래, 오늘은 이 정도면 매우 완벽하다." 결국 인생의 완성은, 조용히 숨 쉬는 소리 하나에도 감사할 줄 아는 마음이다.

마무리하며

리트리버 조이는 내 인생의 방향키였다. 정확히 말하자면, 내 멘탈을 탈탈 털고 다시 조립해 준 존재! 내가 어떤 모습으로 있어도 나를 사랑해 주는 조이. 나의 겉모습이 아닌 나의 본질 그 자체를 사랑해주는 조이. 사소한 그 무엇으로도 실망하지 않고 끝까지 내 곁에 있을 거라는 믿음을 주는 조이다.

리트리버는 9번 잘못해도 1번 잘해주면 그걸로 모든 게 용서되는 마법을 사용한다. 그게 리트리버식 사랑의 공식이다. 9번의 잘못과 1번의 사랑이라면 9번의 잘못은 무조건 무죄가 된다. 가끔은 인간 세상도 이 수식대로만 흘러간다면 지금보다는 더 행복해질까 하는 생각도 해본다.

리트리버를 키운다는 건 단순히 반려견을 책임지는 게 아니라, 나의 인생 루틴을 완전히 리부트하는 일이다. 하루 세 번의 산책, 매달 예방접종, 계절마다 털갈이, 아니 사실 365일 털갈이다. 그리고 집과 자동차의 쾌적한 환경은 포기해야 한다. 리트리버와의 삶에서 "내 차는 깨끗하며 쾌적하다."는 문장은 버려야 한다. 이뿐만이 아니라 많은 걸 포기하고 버려야 한다. 대신 포기한 것들의 몇만 배로 리트리버의 사랑을 받게 될 것이다.

이 책을 쓰면서 이런 생각을 해봤다. '내가 어쩌다 이렇게까지 개를 사랑하게 됐지.' 리트리버 조이는 내 인생의 예상치 못한 결말이며 내 정신적 지주이다. 이 글을 쓰는 지금도 조이는 내 옆에서 자고 있다. 세상 편하게 아무 걱정도 없이.

나는 글을 쓰는 동안 음악작업도 함께 했다. 이 책에 들어갈 앨범을 위해서다. 이 앨범은 나의 개아들, 인간아들을 떠올리며 쓴 곡이다. 곡을 쓰면서 많이 행복했다. 하지만 두려운 생각도 동시에 들기도 했다. 조이는 언젠가 나보다 먼저 무지개다리를 건널지도 모른다. 뭐 내가 먼저 갈 수도 있지만.. 평균적으론 삶의 시계가 우리와 다른 반려견이 먼저 가겠지, 라는 그 생각을 하니 조이의 오늘 하루는 나의 하루와는 많이 다를 수밖에 없겠구나. 수명이라는 거 참 야속하다. 언젠가는 사람도 개도 죽는다. 그래서 오늘 하루 지금 이 순간의 찰나를 리트리버처럼, 리트리버와 함께 즐겨야 함을 느낀다.

완벽하진 않지만 유쾌하게 살아내는 것. 이 책을 읽는 누군가도 혹시 지금 바닥난 하루를 살고 있다면, 스스로에게 꼭 이렇게 말해줬으면 좋겠다.

"그래도 오늘은 리트리버 처럼 밥 먹고 누웠으니까 그걸로 됐다." 라고. 세상이 뭐라든 오늘 잘 먹고, 잘 자고, 잘 쌌으면 된 거라고.

마지막으로 감사의 말을 전하고 싶다. 나의 비전보드 한켠에 "초대박 날 책 내기"라고 써 붙였던 그 한 줄. 그게 이제 현실이 됐다. 출판사 쏠딴스북의 대표님들께 나의 비전보드의 한 페이지를 클리어할 수 있게 해주심에 감사하다는 말을 전하고 싶다. 그리고 글을 쓰며 나의 정신력을 붙잡아준 카페 빅핸드의 맛있는 커피와, 묵묵히 나의 곡의 믹싱과 마스터링을 맡아준 아티스트 황석규, 그리고 내 인생의 교정 선생님이자, 인생 깨우침의 스승 조이와 내 아들에게도 고맙다. 마지막으로 이 여정을 함께해준 모든 사람들에게 진심으로 감사하다.

그리고 이 책은 단순히 개와 인간의 이야기로 끝나지 않았으면 한다. 조이처럼 목소리를 낼 수 없는 아이들, 그리고 세상의 구석에서 여전히 보호받지 못한 수많은 생명들에게 이 책이 작은 희망이라도 품을 수 있기를 바란다. 카페든, 앨범이든, 혹은 이 글 한 문장이든, 이 책이든, 누군가에게 '아, 나만 개판이 아니네. 세상은 아직 동지들로 가득하고 유쾌하구만.' 그런 생각이 들게 만들 수 있다면, 그걸로 충분하다. 그리고 조금만 더 욕심을 내자면 내가 하는 일들이 좋은 에너지를 만들어서 좋은 영향력으로 뻗칠 수 있기를 바래본다. 사회적으로 보호받아야 하지만 보호받지 못하고 있는 작은 영혼들을 구할 수 있는 강한 힘을 얻을 수 있기를 간절히 바라본다.

나는 이제 안다. 보호한다는 건 힘이 세서가 아니라 마음이 단단해야 할 수 있는 일이라는걸. 이 책을 읽는 당신도 누군가에게 그런 단단한 사람이 되어주길 바라본다.

사회적으로 보호받아야 할 어린아이들과, 또 다른 소중한 생명들에게 내가 뭐로든 도움이 될 수 있는 날이 올 때까지 노력할 것이다.

오늘도 나는 사랑을 배우고 웃음을 나누고 털을 청소하며 또 다음 챕터를 열 것이다.

지구 소환행 시리즈 출간 예정

지구 소환행 시리즈 L
- 밥은 먹고 다니냐?
오행으로 풀어보는 일주일 행복 도시락

지구 소환행 시리즈 T
- 탱고, 백년짜리 지구별
여행에 최고 반려 취미

지구 소환행 시리즈 P (Pet&Producer&Playlist)

PPP [Pet&Producer&Playlist]
지랄발광 리트리버

1쇄 발행 2025년 11월 11일
지은이 박봄슬
펴낸이 김영경
펴낸곳 쑬딴스북
표지 디자인 이지선
인디자인 인지예

출판등록 제2021-000088호(2021년 6월 22일)
주소 경기도 파주시 탄현면 헤이리마을길 82-91 B동 202호
이메일 fuha22@naver.com

ISBN 979-11-94047-24-7